10 ページ　おにぎりの海苔実物大例

おにぎりの海苔の大きさの例。参考にしてね

大きさは
作るおにぎりの
サイズで調整してね！

背中

尾羽

羽

顔

MY RECIPE OF SHIMAENAGA

ぼくのシマエナガレシピ。

やなぎさわ ごう 著

文一総合出版

はじめに

　"雪の妖精"の異名をもつシマエナガ。彼らは、日本では北海道でしか見られない野鳥です。手のひらに収まるほど小さく、国内で見られる鳥の中では、いちばん小さい部類です。約7gしかない彼らは、正面から見ると豆大福のように真っ白でまん丸なフォルムをしています。そのかわいらしい姿はぼくだけでなく多くの人を魅了し、グッズ化やキャラクター化など、さまざまな展開を見せています。

　この本は、人々をとりこにし続けているシマエナガのフォルムに注目して、丸っこいチャームポイントを保ちつつ、簡単にシマエナガモチーフの料理を作れるように考えて作りました。さらに、かわいく料理の写真を撮れるワンポイントも紹介しました。

　実物のシマエナガは、北海道にしかいないことに加え、双眼鏡がないとアップで見るのはちょっと難しい鳥です。動きもすばやく、慣れていないと見つけること自体たいへんです。実物を見るのはハードルが高いという人も、ぜひ食卓にかわいいシマエナガを飾ってください。そして、いつか実物を見にきてくれたらうれしいです。

やなぎさわ ごう

contents
もくじ

作る前に知っておきたいこと

09 ごはんなシマエナガ。

45 スイーツなシマエナガ。

75 シマエナガってどんな鳥？

シマエナガのパーツの作り方。

シマエナガのモチーフ料理を作るとき、かわいく作るバランスは、どのレシピでも共通している。まずは顔やパーツの作り方を確認しておこう。

ベースの顔はこれ！

丸く作るには
どうしたらいい？

◆より▲が近い！

よく使う道具

ここで紹介する道具は、ほとんど100円均一ショップなどでも手に入る。
かわいいシマエナガがぐっと作りやすくなるので、おすすめだ。

④ 抜き型紹介

足に使える
雪の結晶の形

羽に使える桜の形

① 小さいキッチンバサミ

海苔を切り出すときなどに使う。小さい方が小回りが利く。

② ピンセット

小さなパーツはピンセットのほうが扱いやすい。

③ パンチ

丸い目はハサミで切り抜くのはたいへんなので、丸いパーツが絵柄に
入っているパンチで押し出して、きれいな丸いパーツを作る。

④ クッキーや野菜型などの抜き型

飾りに使うのはもちろん、体のパーツを作るときに役立つ。
特に桜や雪の結晶の形は羽や足の形に使える（70ページ）。

⑤ フードペン

チョコペンよりも手軽に食品に絵を描けるペン。小さなものに顔をつけるとき使う。

海苔でシマエナガの顔を作ろう！

まずは実物のシマエナガの顔をよく見てみよう。

① 目はあどけなく、
　　ちょっとタレ目にも見える。

② クチバシと目の位置はほぼ正面で、
　　高さはほとんど同じ。

③ クチバシは短く、小さい。

この３つのポイントを押さえれば、
誰でもかわいいシマエナガの顔が作れる。

かわいく作るコツ。

シマエナガの顔のかわいさの秘密は、目とクチバシの位置。特にやりがちな
失敗は目とクチバシの位置を離してしまうこと。
好みにもよるが、なるべく近づけた方がよりシマエナガらしく見える。クチ
バシは▼ではなく、▲の向き。

かわいい顔の配置の例

クチバシと目が離れると、
ちょっと違う鳥のように見える

ほとんど一直線を意識しよう

小さいものに顔をつけるには

ウズラの卵や、たまごボーロ、マシュマロといった小さなものに顔をつけるときは、海苔やチョコペンだとやりづらい。そんな時は別のもので顔を作ろう。

ゴマを使う。

ウズラの卵は形がシマエナガのシルエットに近い、うってつけの食材。でも海苔を貼るのは小さすぎてたいへんなので、ゴマを埋め込んでしまおう。他の柔らかい小さな食材にもゴマの埋め込みは使える。コツは目を入れるときはピンセットで卵にちょっと切れ目を入れて、ゴマは八の字になるように埋めること。クチバシは縦向きにぷすっと刺す。

目は八の字　　　横から見たところ

フードペンで描く。

たまごボーロやマシュマロも、形がシマエナガに近い。チョコペンで顔をつけるのはたいへんなので、こうした小さな食材にはフードペンを使おう。
これも海苔のときとポイントは同じで、目とクチバシの位置のバランスに気をつけて。たくさんあるだけで、なんだかかわいい。

たまに違う表情を混ぜてもかわいいよ。

体のパーツを作る。

実物の背中。尾羽は、重なってぎざぎざに見える。背中には茶色や黒の複雑な模様がある。

羽

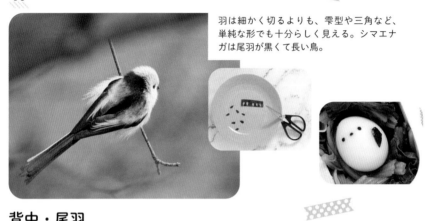

羽は細かく切るよりも、雫型や三角など、単純な形でも十分らしく見える。シマエナガは尾羽が黒くて長い鳥。

背中・尾羽

背中を茶色くするとちょっとリアル

シマエナガの背中は黒や茶色をしている。背中にも海苔をつけたり、茶色のふりかけやお醤油をかけたりすることで、ぐっと本物っぽくなる。尾羽パーツを作るときは体に対してちょっと長めを意識しよう。形はただの長方形より、先端を三角に切り取って、長さがそろっていない感じを出すと本物に近づく。

足

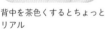

シマエナガの足

シマエナガの足は黒くて、指は3本が前に出ている。足のパーツを作るときにちょっとこだわりたい。

細かくて一気に切り抜くのは難しい。細長い長方形を3つ切って組み合わせるなどでもいい

EVERYDAY FOOD

ごはんな
シマエナガ。

ふだんのご飯にひと手間かけて、
かわいいシマエナガがいる食卓にしよう。

お腹すいたよ〜

ごはんにしよう！

アレンジいろいろ！
おにぎり

おにぎりが作れれば、オムライスや
カレーもかわいくアレンジできるよ。

群れてるからって
ナメんなよ！

ヤンキーおにぎり（作り方は 13 ページ）

酢飯で作れば
お寿司だコラァ！

オムライスのお布団ですやすや…

…あれ、起きた？

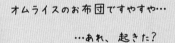

パチッ！

シンプルなおにぎりは、いくつか作って顔の表情を変えてみると
楽しい写真になるよ。

11

ベースのおにぎり

INGREDIENTS
材料 （3個分）

温かいご飯……1合
海苔（四つ切り）……1枚
茶色のふりかけ……適量
塩・お好きな具

TOOLS
道具

キッチンバサミ
パンチ
お皿

RECIPE
作り方

 ## パーツを作る。

背中　　尾羽

クチバシ

羽×2　　　　目×2

海苔を目、クチバシ、羽、尾羽、背中
に切っておく。大きさは表紙を開いた
ページを参考に。

ご飯は卵をイメージして
丸っこく作ると、シマエナ
ガっぽくなる。具や塩加減
はお好みで。

海苔をつける。

ご飯が乾く前に
切っておいた海苔の
パーツを貼る。

目とクチバシの
バランスに注意！

3 背中を作る。

お皿にふりかけを開けてまぶす（8ページ参照）。お皿におにぎりを置いたら背中側に尾羽をさし入れよう。

ほぐした
コンビーフ
でも GOOD！

ヤンキーおにぎりに変身！

おにぎりの頭にウインナーやエビフライを乗せてヤンキーおにぎりに変身！ エビフライが特にリーゼントっぽく見えて楽しい。海苔は長方形のものを使って、学ラン風にしよう。

COLUMN

ぼくとヤンキーおにぎり。

「ヤンキーおにぎり」は、ぼくが運営している SNS アカウント「ぼく、シマエナガ。」
で、いちばん「バズった」作品です。最初は頭にエビフライを乗せて学ランっぽい
海苔を巻いただけでしたが、日本だけでなく、海外からも大きな反響がありました。

左から、ぬいぐるみマスコット、フィギュア、ヤンキーおにぎり

「ぼく、シマエナガ。ヤンキーおにぎり フィギュア」
（株式会社キタンクラブ）

　日本のアニメの影響なのか、リーゼントに学ランという、ヤンキースタイルが目に止まったようです。そこからどんどん人気になり、サーモン、すじこ、ウインナーと、いろいろ乗っけてヤンキーにしてきました。豪華なお寿司を作ったり、それぞれおにぎりの体格を変えて個性をつけてみたり、楽しんで作っていたところ、商品化のお声がかかり、カプセルトイとして 2022 年に発売されるまでになりました。フィギュアのほうは、カプセル自体がシマエナガおにぎりで、中に具のパーツが入っている遊び心あふれるものになりました。ぬいぐるみマスコットは、3 変化するぬいぐるみの発案者としても知られているぬいぐるみデザイナーの「せこなお」さんに型を作ってもらい、かわいく仕上げてもらっています。

「ぼく、シマエナガ。ヤンキーおにぎり ぬいぐるみマスコット」
（株式会社いきもん）

シマエナガの
巣づくりお弁当

春はシマエナガの子育ての季節。
お弁当箱に春をちょいと詰めてみた。

真上から撮るとかわいい。お弁当はいろどりとバランスが大事。

材料 （1人分）

ご飯……1/3 合
ゆでウズラの卵……1 個
ゆでほうれん草……30g
海苔……四つ切り 1 枚

黒ゴマ……3 粒
好きなお弁当のおかず

道具

キッチンバサミ
パンチ

> シマエナガの巣は
> 緑色の袋
> みたいな形。

RECIPE
作り方

1 海苔を切る。

お弁当箱に詰めるご飯の量を決め
たら、それに合わせて目、クチバ
シ、羽のパーツを海苔で切り出す。
ごはんを詰めたら上に敷く。

2 ほうれん草を詰める。

ゆでウズラの卵をシマエナガにする
（7 ページ参照）。ゆでたほうれん草
を丸く詰め、真ん中にウズラの卵を
入れ、好きなおかずを詰める。海苔
で足跡を作ってもかわいい。

アレンジ

ほぐしたシャケやふりかけでも手軽にシ
ルエットがあるご飯ができる。いろんな
シルエットご飯に挑戦しよう。

シマエナガの
いなり寿司

手のひらサイズのかわいい "いなり寿司" と
"手まり寿司" を作ろう！

たくさん作って整列させよう。かわいいが大渋滞！

てまり寿司

お寿司を作る前準備！ 酢飯の作り方

材料 （どちらも8個分）

ご飯……2合 　　砂糖……大さじ1
米酢……大さじ3 　塩……小さじ1/2

道具

すし酢用のボウル
大きめのボウル（すし桶）
しゃもじ
うちわ
布巾 or ラップ

お米は固めに炊いておく。米酢、砂糖、塩をよく混ぜてすし酢を作り、温かいご飯に回しかけ、切るようにして混ぜてまんべんなく行き渡らせる。うちわなどで扇ぎながら上下に返したりしてよく混ぜ、酢飯が人肌程度になったら、濡れ布巾かラップをかけておく。冷蔵庫に入れると固くなるので注意！

いなり寿司

INGREDIENTS

材料 （8 個分）

酢飯……2 合
いなりの皮（市販）……8 枚
にんじん……1/2 本
海苔……4 枚切り 1 枚
ケチャップ……少々

TOOLS

道具

キッチンバサミ
パンチ
花の形の野菜の型抜き

RECIPE
作り方

 皮に酢飯を詰める。　 **パーツを飾る。**

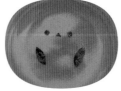
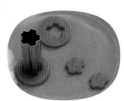
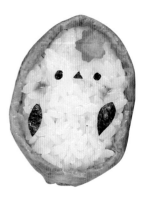

海苔で目とクチバシ、羽を作ってお
く（6、8 ページ参照）。いなりの皮
を内側に 1cm ほど折り、酢飯を詰
める。卵形をイメージするとよりシ
マエナガらしくなる。

にんじんを薄い輪切りにし、型で抜
いて飾りを作る。海苔で作った顔
と羽のパーツをつけ、ほっぺはケ
チャップをちょんとのせる。にんじ
んのお花を乗せるとかわいい。

手まり寿司

材料 （8 個分）

酢飯……2 合
白身魚（刺身用）……1 さく
大葉……8 枚
海苔……四つ切り 1 枚

道具

お皿
キッチンバサミ
パンチ
ラップ

作り方

1 魚を切る。

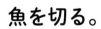

そぎ切りとは包丁を寝かせてそぐように切る切り方のこと

海苔で目、クチバシ、足を作っておく（6、8 ページ参照）。お好みの刺身用の白身魚（ここではヒラメ）をそぎ切りにする。ラップをかけたお皿の上に切った刺身魚を乗せ、その上に酢飯を軽く丸めたものを乗せる。刺身魚で一面を覆えるくらいの大きさを意識して、はみ出さないようにする。

2 丸めて、パーツを乗せる。

ねじねじ

ラップの角をまとめて空気が入らないように絞る。これを 8 個作ったら、海苔で作ったパーツを貼り付け、大葉に乗せる。

21

ほかほか！
シマエナガプチ肉まん

家でも作れる！ キャラ肉まん。
ふかふかでほかほかを召しあがれ！

小さいせいろに入れるなど、中華っぽい雰囲気にしてみよう。
ふたを開けるとシマエナガがこんにちは。

INGREDIENTS

材料 （8 個分）

【A】（皮）

薄力粉……200g
砂糖……15 g
塩……2g
ドライイースト……3g
ベーキングパウダー……3g
サラダ油……小さじ 2
ぬるま湯……100ml
食紅（黒色・茶色）……適量

【B】（タネ）

豚ひき肉……200g
玉ねぎ……1/2 個
醤油……大さじ 1
料理酒……大さじ 1
ごま油……大さじ 1/2
砂糖……大さじ 1/2
片栗粉……大さじ 1

TOOLS

道具

深めのボウル
めん棒
布巾
クッキングシート
蒸し器

RECIPE
作り方

 皮の生地を作る。

ボウルに【A】（皮）のぬるま湯と食紅以外の材料をボウルに入れてよくかき混ぜてから、ぬるま湯を 3 回に分けていれ、まとまるまで混ぜる。まとまってきたら、手のひらを使ってよくこねる。表面がなめらかになったら、固く絞った濡れ布巾をかけ、生地が倍の大きさに膨らむまで、40 分程度を目安に寝かせて発酵させる。

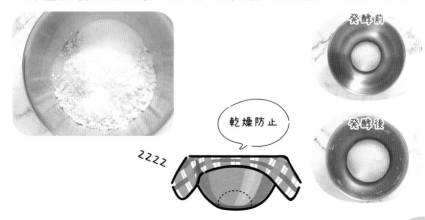

乾燥防止

ZZZZ

発酵前

発酵後

2 タネを作る。

玉ねぎはみじん切りにし、ボウル
に【B】の材料を入れ、よく混ぜる。

3 生地を伸ばす。

発酵した【A】を 40g ずつ 8 個取り、
残りはパーツ用にする。体にするほうは、
手のひらで押しつけて平らにしてから、
めん棒などで直径 8 cm ほどの円に伸ば
す。パーツ用の生地は、さらに 2 つに分
け、黒色と茶色にそれぞれ着色する。

皮は中央は厚く、
外側は薄く伸ばすの
がポイント。

4 タネを包む。

体の生地の中央に【B】を乗せ、外側の生地を指で引っ張ってひだを作りながら包む。

パーツを作る。

足のパーツ　　　羽のパーツ　　　抜き型

CUT!

黒色の生地を丸めて目、だ円にしてクチバシにする。足は雪の結晶のクッキー型で抜くと楽に作れる。羽は茶色の生地を三角形にする。パーツをつけるのは、ひだを作った側ではなく、反対側。クッキングシートを大きさに合わせてカットして、その上に乗せる。

 # 蒸す。

固く絞った濡れ布巾をかけ、15分ほど寝かせて再度発酵させ、蒸し器で15分蒸す。

ほかほか…

シマエナガの
ふんわりシュウマイ

ころんと丸いシュウマイを
シマエナガにしちゃおう！

ほっか

ほか！

一口サイズのものは、お箸でつまむシーンで撮るのもおすすめ。
かわいくて食べづらい……。

シマエナガの
ふんわりシュウマイ

INGREDIENTS
材料 （9個分）

豚ひき肉…200g
玉ねぎ…1/2個
シュウマイの皮…30枚
グリーンピース…9粒
海苔…3×3cm
キャベツ…2〜3枚
お好みで醤油、からし

【A】

料理酒…大さじ1
片栗粉…大さじ1
ごま油…小さじ1
砂糖…小さじ1/2
しょうゆ…大さじ1
塩こしょう…ひとつまみ
おろししょうが…小さじ1/2

TOOLS
道具

深めのボウル
キッチンバサミ
パンチ
せいろ

RECIPE
作り方

 タネを作る。

ボウルに豚ひき肉を入れ、みじん切りにした玉ねぎ、【A】を加え、粘りが出るまで
よくこね、9等分にして丸める。

シュウマイの皮を切る。

シュウマイの皮をまず半分に切り、
さらに、2mm 幅の細切りにする。

3 皮をまぶす。

細切りにした皮をまぶすようにして 1 に貼り付ける。てっぺんにグリーンピースを乗せる。蒸している間に海苔で目とクチバシを作っておこう（6 ページ参照）！

4 蒸して顔をつける。

せいろは使う前にさっと濡らす。
鍋の 7 ～ 8 割くらいまでの量でお湯を沸かしたら、せいろにキャベツの葉を 2 ～ 3 枚敷いた上に、すき間をあけてシュウマイを並べ、鍋の上にせいろを置いて 10 分ほど蒸す。竹串をさし、唇に当てて温かければ蒸し上がり。

あっあっ！

顔パーツをつける。お好みでしょうゆ、からしをつけて。

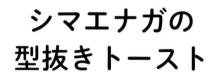

シマエナガの 型抜きトースト

トーストに、木の枝に止まる
シマエナガがやってきた。

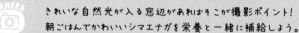

きれいな自然光が入る窓辺があればそこが撮影ポイント！
朝ごはんでかわいいシマエナガを栄養と一緒に補給しよう。

シマエナガの
かくれんぼサラダ

サラダの森でシマエナガがかくれんぼ。

シマエナガの
型抜きトースト

INGREDIENTS
材料　（1人分）

食パン……1切れ（厚さはお好みでOK）
ココアパウダー……小さじ1くらい
チョコスプレー……10粒くらい
チョコレートソース……少々

TOOLS
道具

厚紙（10cm四方の正方形）
ハサミ（文具用でOK）
アルミホイル
ティースプーン

RECIPE
作り方

 型をのせて焼く。

厚紙にシマエナガを描き、ハサミで切り抜く。切り抜いた型をアルミホイルで包む。
食パンにシマエナガの型を置き、トースターで2〜3分焼く。

この本の終わりに
型紙もあるよ。
トレースして使って
OK！

焼き加減は
様子を見て
調整してね

 シマエナガを描く。

焼けたら型を外し、焼けていない白い部分にチョコレートソースで目とクチバシを
描く。チョコスプレーを2〜3粒ずつ置いて足にし、ココアパウダーで枝を描く。

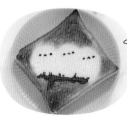

顔のバランスは6ページ
のポイントと同じ！ 目と
クチバシのバランスを取
ろう！

シマエナガの
かくれんぼサラダ

INGREDIENTS

材料 （1人分）

モッツァレラチーズ（一口サイズのもの）……好きなだけ
サラダにしたい野菜……好きなだけ
あらびき胡椒……チーズ×3粒ずつ
ブラックオリーブ……チーズの数÷4

TOOLS

道具

なし

 顔を作る。

一口サイズのモッツァレラチーズに、
あらびき胡椒の粒で目とクチバシを
つける（7ページ参照）。

 羽を作る。

オリーブをカットして羽にする。

オリーブの切り方

 盛り付ける。

お好みの野菜と盛り付ける。

冬にぴったり
より添いシマエナガのみぞれ鍋

温めると溶けちゃう、儚いみぞれのシマエナガ。

火をかける前が撮影タイム。ぐつぐつ煮ている途中の溶けかけ
もちょっとおもしろい写真が撮れる。

ちょっとこだわり。
よく見ると黄色いアイ
シャドウがあるよ（74
ページ）

あ〜溶けちゃう〜
溶ける前に
撮ってね！

大根おろしは
焼き魚に添えても
かわいい

卵焼きに
ちょこん

冬にぴったり
より添いシマエナガのみぞれ鍋

INGREDIENTS

【大根おろしの材料】

大根…1/2 本
昆布…5g
海苔…1 ～ 2 枚
醤油…ひとたらし

【鍋の材料】 （1 人前）

豚バラ肉…150g
料理酒…大さじ 1
塩…少々
木綿豆腐…1 丁
にんじん…1 本
豆苗…数本
顆粒だし……4g
もやし……200g
お好きな鍋の具を加えても◎

TOOLS

道具

おろし金
キッチンバサミ
パンチ
ピーラー
耐熱ボウル
鍋

RECIPE
作り方

 　下準備をする。

昆布は固く絞った布巾などでさっと拭き、水の入ったボウルに 30 分ほどつけてもどしておく。その間に海苔を目、クチバシ、羽の形にパーツを切る（6、8 ページ参照）。それができたら、大根をすり下ろす。

土台を作る。

木綿豆腐を8等分に切り、真ん中に置いたら、周りにもやしを敷き詰める。

 # 大根おろしの形を作る。

1で作った大根おろしを軽く絞って水け
を切る（絞り汁はとっておく）。2つに
分けて丸い形にしたら、豆腐の上に乗せ
る。

 # スライスする。

にんじんをピーラーやスライサーで縦にスライスしたら耐熱ボウルにいれ、ラップ
をかけて電子レンジで加熱してやわらかくする（600wで30秒ほど）。

パーツをつける。

昆布が戻ったら水はとっておき、尾の形に切る。尾は体に対してちょっと長めを意識して、先端は切り込みを入れる。大根おろしに 1 で作ったパーツをつけて、背中に醤油をたらす。にんじんの切れ端を目の上につけるとリアルになる。

尾羽

背中

具材を入れて煮込む。

にんじんと豚バラを丸めてバラの形にする。にんじんと豚バラを鍋に入れたら、豆苗をその隙間に差し入れ、余った昆布の切れ端、大根の絞り汁、顆粒だし、料理酒と塩を入れて煮立たせる。絞り汁が少ないときは、昆布を戻した水を使う。

好きなお鍋の具をたくさん入れてもおいしいよ！

巻くだけでバラっぽくなる！

ぼくの失敗レシピ。

　シマエナガをモチーフにしたレシピを作るようになったのは、5年前にSNSに投稿した画像がバズって、多くの方に見てもらえたことがきっかけでした。
その投稿とは、卵焼きに添えた大根おろしをシマエナガにした写真で、居酒屋に実際にあるメニューに見えるよう、箸袋も自作しました。
今見ると、体（大根おろし）の大きさに対して目とクチバシが大きすぎるところが気になりますが、当時は「初めてにしてはかわいいものができたぞ」と自画自賛したものです。

　この投稿がきっかけで、シマエナガの魅力を伝える方法は鳥の写真だけではないことに気付き、いろいろな料理を作るようになりました。1回目でうまくいくこともありますが、大体は2回、3回と試行錯誤をくり返します。シマエナガのパンケーキは、何回も作り直しました。

　今回のレシピもやり直したものがいくつかあります。メロンクリームソーダは、目とクチバシをチョコレートシロップで描いたところ、にじんでしまって失敗しました。シマエナガの練り切りは、体のフォルムや表情などが気に入らなくて何度もやり直しました。

　この本は、そんな失敗をいくつも経て、なるべくかわいく作りやすいものを厳選しています。

レシピづくりのきっかけになった居酒屋島江長

直接チョコレートペンで描いたらにじんでしまった

シマエナガの
真っ白ちぎりパン

くるんと輪になったシマエナガ。
ふわふわの白パンはシマエナガにそっくり。

ちょっとちぎって指でつまんで撮ってみよう。パンのふわふわ感が伝わるよ。

輪っかの形は
ちぎりやすいよ

型を変えれば輪じゃなくて
ぎゅうぎゅうシマエナガの
ちぎりパンになるよ

シマエナガの
真っ白ちぎりパン

INGREDIENTS
材料 （7 個分）

【A】（生地）

強力粉……180g
ドライイースト……2g
塩……2g
砂糖……15g
牛乳……130ml
バター……10g

【B】（ココアカスタード）

卵……1 個
砂糖……30g
薄力粉……15g
ココア……30g
牛乳……200ml

TOOLS
道具

耐熱ボウル
布巾 or ラップ
パンこね台
ふるい
コルネ
（アイシング用絞り袋）
エンゼル型（18cm）

コルネの作り方

コルネとは、アイシングクリームなどを入れる絞り袋。チョコペンやクリームの絞り金より細い線を描きたいときなどに使う。製菓コーナーなどでも売っているが、自宅にあるものでも作れる。

クッキングシートや OPP シートを長方形に切り、対角線で切る。

いちばん長い辺の中央を頂点にして、円すい形になるように巻く。先端使うときに切るので、閉じるようにしてとがらせる。

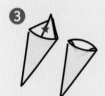

重なった部分（★）を内側に折りこむ

クリームなどを半分くらい入れる

上部をハの字に折ってから、上から折り込み、テープでとめる。

先端を切って使う。先端を切るときは斜めではなく垂直にほんの少しで OK。切りすぎると線が太くなってしまう。

作り方

 生地を作る。

手のひらを使い、生地を伸ばしてはまとめるをくり返し、両手で持って伸ばす。指が透けて見えるぐらいの薄い膜ができるまでこねたら、バターを入れて再度よくこねる。

ボウルに強力粉、ドライイースト、塩、砂糖を入れてよく混ぜる。人肌に温めた牛乳を入れ、ある程度まとまったらパンこね台に出す。

 生地を発酵させる。

ボウルに生地を戻し、乾燥しないよう固く絞った濡れ布巾をかけ、40分程度を目安に、生地が倍くらいになるまで寝かせて発酵させる。

３ **ココアカスタードを作る。**

耐熱ボウルにといた卵1個、砂糖を入れ混ぜて、薄力粉とココアをふるいながら入れ、牛乳を加えてよく混ぜる。電子レンジ（600w）で2分加熱したら、よく混ぜて再度1分加熱する。とろみがついたら粗熱をとって冷蔵庫にいれてしばし冷やし、コルネに詰めておく。

ガス抜きをする。

15min

一次発酵が終わったら、ボウルから生地を取り出して両手のひらで生地から気泡を押し出すようにして押し、ガス抜きをする。ガス抜きしたら7等分して、ボウルに戻して固く絞った濡れ布巾をかけて15分ほど休ませる。

型に並べる。

発酵後は膨らんでいるよ

7等分した生地を丸めて形を整えながら型に1個ずつ等間隔に並べ、再度固く絞った濡れ布巾をかけて30分程度発酵（二次発酵）させる。

顔と羽を描く。

二次醗酵が終わったら、コルネでシマエナガの顔と羽と足を描く。150度に余熱したオーブンで15分ほど焼いたら完成。

LOVELY SWEETS

スイーツな
シマエナガ。

甘〜いスイーツでほっと一息。
そんなときもシマエナガと一緒がいい。

甘いもので
癒されたい〜

淡雪アイシングの
シマエナガカップケーキ

市販のカップケーキに、
シマエナガを止まらせよう。

カップケーキ以外にも、クッキーやビスケットに
アイシングして、大集合を撮ってもかわいい。

淡雪アイシングの
シマエナガカップケーキ

INGREDIENTS
材料

カップケーキ……大（直径約7cm）3個、
小（直径約4cm）5個
パウダーシュガー……100g
卵白……1/2個
レモン汁……数滴
アーモンド……8粒
チョコスプレー……24粒
食紅（黒色）……適量

TOOLS
道具

コルネ（アイシング用絞り袋）
（作り方は42ページ参照）
泡立て器
ボウル
小皿
ラップ
ピンセット
つまようじ

RECIPE
作り方

 アイシングクリームを作る。

ボウルにパウダーシュガー、卵白、レモン汁数滴を入れ、白いクリーム状になるまで混ぜる。ハンドミキサーを使ってもいい。

 アイシングクリームを色分けする。

1から大さじ1を別皿に取り、黒色の食紅で着色し、乾かないようにラップをかけておく。

コルネにアイシングクリームを詰める。

コルネに白のアイシングクリームを詰める。コルネを使うときは上部を折りたたみ、テープで留め、コルネの先端を切る。シマエナガの体用なので絞り口は少し大きくても OK。

 ## 体を描く。

カップケーキにシマエナガの体を白いアイシングクリームで描く。丸い卵型をイメージしよう。表面が乾く前にアーモンドで羽、チョコスプレーで足をつける。ピンセットがあると便利。

 ## 顔を描く。

別皿に取り分けておいた黒色のクリームをつまようじにつけて、目とクチバシを描く。

小さいのでコルネよりつまようじの方がやりやすい

49

シマエナガの
お絵かきパンケーキ

難易度★★★　シマエナガパンケーキにチャレンジ！

パンケーキを撮るときは真上からがカワイイけど、影が入りがち。
照明の真下を避けると強い影が入らないよ。

シマエナガの
お絵かきパンケーキ

INGREDIENTS

材料 （3枚分）

ホットケーキミックス……300g
卵……2個
牛乳……200ml
フルーツ、生クリーム、ミントなど
……好きなだけ

TOOLS

道具

深めのボウル
ソースディスペンサー2種
　A: 先端を自分でカットして
　　穴の大きさを調節できるもの
　B:1mmより太い穴のもの
ろうと
泡立て器
濡れ布巾
フライパン

RECIPE
作り方

1 道具の準備。

穴が1mmに
なるように切る

A

B

ディスペンサーを用意する。Aのディスペンサーは、穴が1mmくらいになるのを目
安に先端を切ろう。写真では赤いふたがA、黄色いふたがB。

2 生地を作る。

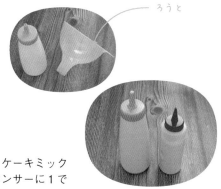

ろうと

ボウルに卵と牛乳を混ぜてからホットケーキミック
スを入れて混ぜ、それぞれのディスペンサーに 1 で
作った生地を詰める。「ろうと」があると入れやすい。

3 シマエナガを描く。

かわいく描くには
練習あるのみ！

A のディスペンサーを使い、火
をつける前のフライパンにシマ
エナガの姿を描いていく。

描けたら火をつけ、縁が茶色く
なってきたら火を止めて濡れた
布巾にフライパンを置いて冷ま
す。

4 体の生地を流し込む。

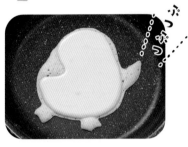

焦げすぎ
ないようにね

フライパンが冷めたら、Bのディ
スペンサーで輪郭の内側に生地を
流し込み、再び火をつけ弱火で焼
く。シマエナガは白い鳥なので、
焼きすぎに注意しながら、表面が
プツプツして火が通ったらひっく
り返す。

5 飾り付ける。

丸いパンケーキも1枚焼いて土台にする。カットしたフルーツや生クリームを挟
んだりして、かわいくトッピングしてね!

ポーズを変えても
かわいいよ!

シマエナガの
アイスキャンディー？

　シマエナガたちにも「スイーツ」があります。それはイタヤカエデという木の樹液。皆さんご存じのメープルシロップは、同じカエデの仲間の、サトウカエデの樹液を煮詰めたものです。そのイタヤカエデをアカゲラ（キツツキの仲間）がつつくことがあります。そうすると木肌に傷ができて、樹液が流れます。シマエナガはそれを群れで舐めに訪れるのです。さらには、夜のうちに凍りついた樹液のつららを日中に舐めにくることも。その様子はまるでアイスキャンディーを舐めているかのようです。

　以前、樹液が流れて木肌が濡れているイタヤカエデの木に、シマエナガの群れが5分おきに訪れるのに遭遇したことがあります。午前中から夕方までその場にいましたが、シマエナガたちは飽きずに訪れるのに対し、撮影しすぎた僕はちょっと疲れ気味……なんてことがありました。シマエナガは長時間1か所に留まる鳥ではないので、このような経験は後にも先にもこの時だけです。木の状態、樹液の状況や気象の状況など、いろいろな偶然が重なった奇跡だったのでしょう。

つぶらな瞳にいやされる
爽やかメロンクリームソーダ

色合いもきれいなシマエナガメロンソーダは
かわいさ抜群！

冷たい飲み物は氷が透ける光の場所で撮ろう。炭酸の泡や
氷の質感が撮れるとかっこいい。

INGREDIENTS
材料 （グラス1杯分）

メロンソーダ……1杯分
バニラアイス……大さじ5〜6杯
サクランボ……1個
チョコペン……1本
氷……グラスの縁近くまで入る量

TOOLS
道具

金属製のバット
スプーン
（あればアイスクリームディッシャー）
ピンセット

RECIPE
作り方

1 顔を作る。

チョコペンで金属製のバットに目とクチ
バシを描き、冷蔵庫で冷やして固める。

2 アイスを丸める。

氷を縁近くまで入れたグラスにメロン
ソーダを注ぎ、バニラアイスをスプーン
などを使って丸くまとめ、乗せる。氷
が少ないとアイスが溶けてしまうので注
意！

3 飾り付ける。

チョコペンで作った目とクチバシをピン
セットでバニラアイスにつけ、サクラン
ボを乗せる。

アイスクリーム
ディッシャーなら、
シマエナガの丸さ
が上手に出せるよ

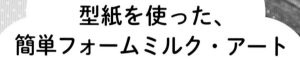

型紙を使った、
簡単フォームミルク・アート

フォームミルクをキャンバスに、
すてきなシマエナガを描こう

真上から撮る以外も、角度をつけてカップをいれてもかわいい。
シマエナガのマシュマロを添えて癒し度アップ。

58

HOW TO MAKE

INGREDIENTS
材料　（カフェラテ１杯分）

成分無調整の牛乳：コーヒー……1：4
ココアパウダー……大さじ 1/2

TOOLS
道具

厚紙
鉛筆
ハサミ、カッター
ミルクピッチャー
ミルクフォーマー
茶こし

RECIPE
作り方

1 型を描く。

この本の終わりに
型紙もあるよ。
トレースして使って
OK！

用意した厚紙に、カップの口を縁取り、その線から2cm 外側に余白を残してハサミで切り取る。線の内側にシマエナガの絵を描く。カッターで切り取るので、細すぎないように注意。

2 型を切り取る。

描いた線に沿ってカッターで切り取る。残した余白を三角形に連続して切り、線に沿って折る。一度カップにセットして、チェックする。

３ フォームミルクを作る。

泡立て方は
ミルクフォーマーの
取り扱い説明書
に従ってね!

ミルクフォーマーを使って
フォームミルクを作る。

コーヒーを注ぎ、混ざらないよ
うにそっとフォームミルクを
カップの縁ギリギリまで注ぐ。

４ 型を被せてココアをかける。

型をセットして、上から茶こし
などを使ってココアをふりかけ、
ゆっくり型を外して完成!

コーヒーが苦手なら、
ホットミルクに
フォームミルクを
乗せると幸せの味

Let's try!
もっと手軽に！
ホットマシュマロココア

RECIPE
作り方

ホットココアに 7 ページで紹介した
マシュマロをたくさん入れて、
手軽にマシュマロココアを作ってみよう。
いろいろな表情を作るとかわいいよ。

Let's try!
プリン・ア・ラ・モード

いつものプリンに
ぼくたちを乗っけて
みて！

RECIPE
作り方
市販のプリンに、泡立てた生クリームを絞って、つまようじとチョコレート
シロップでちょいとシマエナガの顔を描く。カットフルーツで飾れば、
豪華なシマエナガ・プリン・ア・ラ・モードのできあがり。

市販のおやつ
アレンジ！

Let's try!

ブッシュ・ド・ノエル

RECIPE
作り方

ロールケーキを一切れ切って元のケーキの上に乗せる。チョコレートクリームを絞り、木肌に見立てたら、たまごボーロやマシュマロにシマエナガを描いて乗せる（7ページ参照）。もっとデコしたければ粉糖をかけると雪化粧になる。

63

ぷるぷる！シマエナガ
白玉を作っちゃおう！

いつもの白玉にひと工夫。
もちもちぷるぷるのシマエナガが誕生しました。

ぷる

ぷるっ

ひんや〜り

増えても
かわいい

お砂糖と醤油を煮つめたタレを作って、みたらしにしてもおいしい

CAMERA

器にもこだわってみよう。ぜんざいは和食器、
涼しげなフルーツポンチはガラス食器がおすすめ!

65

シマエナガ白玉

INGREDIENTS

材料 （25個分）

白玉粉……250g
水……180 〜 190ml
黒ゴマ……50 粒
食紅：黒色（竹炭）、茶色（ココア）、
ピンク色（ストロベリーパウダーなど）……適量

TOOLS

道具

深めのボウル
布巾
クッキングシート
ピンセット
鍋
穴あきおたま or ざる

RECIPE

作り方

1 白玉を作る。

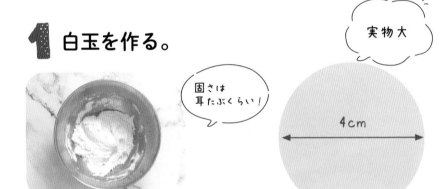

固さは
耳たぶくらい！

実物大

4cm

ボウルに白玉粉を入れ、水を加えて耳たぶくらいの固さになるまでこねる。水は少しずつ加えよう。最初は粉っぽくても、こねているとまとまってくる。水の加えすぎに注意！ 4cm くらいの大きさをとって、両手のひらでボール状にまとめられたら OK。

2 色付きの生地を作る。

乾燥が
大敵！

生地から 20g ずつ３つ取り分け、それ
ぞれ、黒色・茶色・ピンク色の食紅を混
ぜて着色する。パサつく場合は水を数滴
単位で足し、ゆるければ、白玉粉を足し
て調節する。作業中は乾燥してひび割れ
るのを防ぐために、固く絞った濡れ布巾
を被せておこう。

3 体を作る。

白い生地を 25 等分し、両手のひらを使
い丸くする。すべて丸め終えたら、クッ
キングシートを 4cm 四方で切っておく。

次に作る
それぞれのパーツの
大きさの比率は
これくらい。

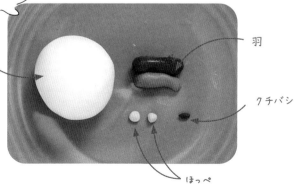

体

羽

クチバシ

ほっぺ

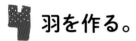 羽を作る。

羽の模様を作る。2で作った黒色と茶色の生地からそれぞれ少しずつ取り、親指と人差し指の腹を使って細長くする。3で作った体部分に細長くした黒色、茶色の生地を上から順に乗せ、両手のひらで転がして生地をなじませ、クッキングシートに乗せる。

5 顔を作る。

黒の生地を少し取り、クチバシにする。クチバシの真ん中をピンセットの先端部分で押さえるようにして体につける。ピンセットを使い、ゴマの先端部分から半分ほどを生地に差し込む。ハの字になるように意識するとかわいい顔になる。ピンク色の生地を小さくつけ、ほっぺにする。

ゆでる。

お湯を沸かし、お湯跳ねに注意しながら一気に投入する。表面に浮いてきたらゆで上がりの合図。

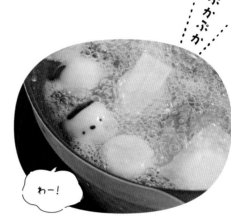

ぷかぷか

わー！

冷やす。

ゆで上がったらざる上げするか、穴あきおたまなどでお湯からすくい取り、夏場はできれば冷水（もしくは氷水）で冷やす。流水で冷ます場合は、水がだんだんぬるくなるので水を入れ替えよう。

ぜんざいでも、
フルーツポンチでも、
好きなものに
アレンジしてね！

可愛いのに品がある
練り切りシマエナガ

練り切りは自分で作れる！
和菓子作りにチャレンジ！

菓子切りで食べられる寸前！なんて写真を撮るのも楽しいよ。

材料 （6 個分）

白あん……300g
白玉粉……15g
上白糖（グラニュー糖）……30g
水……20ml
片栗粉……バットに薄く広げる程度
食紅（黒色）……適量
ココアパウダー……約 2g

道具

耐熱性のボウル
バット
キッチンペーパー
ゴムベラ
クッキーローラー（めん棒でも可）
雪の結晶、桜の花びらのクッキー型

RECIPE
作り方

 求肥を作る。

耐熱性のボウルに白玉粉、上白糖、水を入れて混ぜ、混ざったら電子レンジに入れて 600w で 30 秒加熱する。取り出してかき混ぜてから、再度 30 秒加熱する。半透明になるまでくり返し、片栗粉をふったバットに取り出す。

2 白あんを加熱する。

耐熱性のボウルに白あんを入れ、キッチンペーパーをかぶせてから、電子レンジに入れて600wで2分加熱する。取り出してかき混ぜてから再度1分加熱するのをくり返して、水分を飛ばす。表面に少し粉をふいた状態が目安。

加熱は
少しずつ！
焦げに注意！

3 求肥と白あんを混ぜる。

1で作った求肥と2の白あんをゴムベラでよく混ぜる。

4 生地をこねてなめらかにする。

3で作った生地を、クッキングシートの上でさらにこねてから、少しずつちぎって広げる。それらをひとまとめにして、再度同じ作業をなめらかな生地になるまでくり返す。

5 体を作る。

生地から40gずつ6個分を取る。1個ずつ両手のひらで転がして丸めて手のひらに置き、片方の親指と人差し指でつまむようにして上部をへこませる。

少しつまんで
へこませる

つまむ

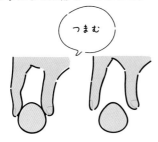

生地に色をつける。

体1個ぶんが黒と
茶色の生地と同
じくらいになるよ

コロコロ

残りの生地を半分に分け、黒色と茶色に着色する。食紅やココアは一気に全量を入れず、少しずつ入れて様子を見ながら調節する。

それぞれをクッキングシートに挟んでから、クッキーローラーで厚さ2mmくらいを目安に伸ばす。

7 足と羽を作る。

抜き型

黒色の生地は足と尾羽用に雪の結晶
の型と桜の型の両方で抜く。抜き型
がない場合は、手でこねて形を作っ
てもよい。

足

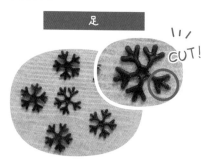

CUT!

雪の結晶形の先端のちょう
ど三つ又になっている部分
を取って足にする。

羽と尾羽

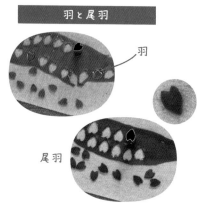

羽

尾羽

8 パーツを取り付ける。

6に足、尾羽、羽をつけ、目とクチバシは黒の生地の余りを手で丸くこね、最
後につける。

前

羽

足

後ろ

尾羽

シマエナガって
どんな鳥？

これであなたもシマエナガ通。

シマエナガってこんな鳥

エナガという鳥がいます。この鳥はシマエナガと同じ種類の鳥です。同じ種類の生き物なのに、どうして名前が違うのか……それは、すむ地域によって体の色や特徴が違うものを、○○の亜種、という分け方をするからです。シマエナガは北海道限定のエナガなので、（エナガの）亜種シマエナガです。北海道にはそのような、ご当地限定の亜種がたくさんいます。エゾシカはニホンジカの亜種ですし、キタキツネはアカギツネの亜種です。今、シマエナガはどんどん人気になっていますが、ご当地限定なこともあり、まだまだ知名度が低いように感じます。

（ 警戒！）
チュリリリリリ

（いつもの声）
ジュリリ、ジュリリ
（食事中）
チッ、チッ

（ 移動するよー）
チー、チー、チー

シマエナガ。鳴き声は状況によりさまざま。よく見ると目の上に黄色いアイシャドウのような部分がある。

エナガ。本州で広く見られる。シマエナガとは同じ種なので、大きさや生活の様子、鳴き声はほとんど同じです。　©髙野丈

日本で見られる鳥は最大で600種ほどですが、実はその多くがツバメやハクチョウなど、決まった季節に訪れる「夏鳥」や「冬鳥」です。シマエナガはどうかというと、留鳥（りゅうちょう）といって、年中同じ場所に留まって暮らす鳥です。

北海道限定ではありますが、一年を通して見られる鳥なので、もっと一般的にも有名になり、ヒグマやタンチョウのように、北海道の動物としていちばんに挙げられる鳥になればと思っています。

どんな生活をしているの？

冬は10羽前後の群れで行動し、3月の雪どけの時期になると、繁殖に向けてカップルができはじめます。4月から本格的に巣作りをはじめ、産卵、抱卵、育雛を経て、5月下旬〜6月上旬に巣立ちを迎えると、ほかの家族たちと合流して何十羽という大きな群れを作って夏を過ごします。そして、初雪の便りが届くころになると、再び10羽前後の群れとなり冬を迎えます。同じように群れを作る小鳥に、シジュウカラなども挙げられますが、より仲間同士の距離が近いことから、個よりも集団を大切にし、お互いを支えあって生きている印象を強く受けます。

シマエナガの1日の始まりは早く、ほかの野鳥と同じように、日の出の時刻のころに活動を始めます。群れの行動範囲は決まっていて、食べ物を求めて木から木へと移動しています。食べているのは主に虫ですが、冬の始めのころはカラマツの芽をついばむ様子をよく見かけます。これは芽を食べているのか、それとも芽についた虫を食べているのかわかりません。あとは、イタヤカエデという木の樹液が好物です（55ページ参照）。

水浴び中

まれに1か所に長時間留まることがありますが、大体はあっという間に移動してしまいます。また、健康な体を維持するために大切な水浴びも行います。真冬でも凍ることのない、水が湧き出ているような水場で、水に顔をつけ羽をパタパタさせて水浴びする様子を見ると、思わず身震いしてしまいます。

そうして、夕方になるとねぐらへと帰っていきます。ちなみに、シマエナガはやぶの中で一列に並んで寝ます。その様子はまるでおしくらまんじゅうをしているようです。

※ねぐら……枝の上ややぶの中などの眠る場所のこと。誤解されがちだが、鳥は一般的に眠るときに巣は使わない。巣を使うのは子育てのときだけだ。

いちばん
かわいい時期ってあるの？

ふかふかに膨らんだ
シマエナガ

　ふっくら膨らむ姿が一般的にいちばん人気ではないでしょうか。証拠に、皆さんがよく見るシマエナガの写真は、ほとんどが冬に撮影されたものだと思います。綿のようにふわふわ真っ白で、もこもこまん丸に膨らんだかわいらしい姿は、一目見るだけで幸せな気持ちにしてくれます。

　実は、この姿は防寒のためで、冬限定であるということを知っていましたか？　気温が下がり寒くなると、羽を膨らませ中に空気を取り込み層を作ります。この層が体温で温められることで寒さを防ぐという仕組みです。ダウンジャケットと同じですね。

　雪の妖精とも呼ばれるかわいらしい姿は、北海道の厳しい冬を乗り越えるためだった ── この事実を知ると、今まで見てきたシマエナガの写真も、ま

た違った視点でとらえることができると思います。……でも、かわいいものはかわいい。夏はスマートな姿で、親鳥は子育てでちょっと疲れているような様子です。葉っぱが茂っている時期なので、冬よりも見つけづらいのも、写真が少ない要因でしょうか。

　ちなみに、寒くなると膨らむのはシマエナガだけではなくほかの野鳥も同じです。例えば、スズメは膨らんだ見た目から「ふくら雀」と呼ばれ冬の季語となっています。当て字で「福良雀（福来雀）」と書かれ縁起物にまでなっているようです。「ふくらシマエナガ」と呼ばれる日はくるでしょうか。

ぼくがシマエナガを撮るようになった理由。

今回はレシピ本を出版することとなりましたが、ぼくは最初は実物のシマエナガの写真撮影を中心に活動していました。シマエナガを初めて撮影したのは、2016年1月のこと。その数年前から、SNSでシマエナガという鳥がかわいいとたびたび話題になっていました。このかわいらしい鳥が北海道にしかいないということを知り、自分でも撮ってみたいと思ったのがきっかけです。高倍率ズームが売りのコンパクトデジタルカメラ（以下、コンデジ）を購入し、近所の公園を週2、3回早朝に探し歩いて、ようやく1か月後に初遭遇しました。高い木の上にいた群れで、長い尾の特徴からかろうじてシマエナガであると認識できたものの、小さいうえにすばやい動きに翻弄され、何度かシャッターを切りましたが、まともに撮ることができませんでした。それでも、シマエナガとの念願の初遭遇に感動したことを今でも覚えています。その次は、かわいい写真を撮りたいという欲が出ました。そのためには、遭遇率を上げて、たくさん撮らなきゃということで、生態を知るために『エナガの群れ社会』（信濃毎日新聞社）を読みました。この本は私のバイブルとなっています。機材もコンデジから一眼レフに買い換えました。こうして、少しずつシマエナガと遭遇できるようになり、初めて使う一眼レフに苦戦しながらも、なんとか撮れるようになったころには、すっかりシマエナガのとりこになっていました。あれから7年経ちましたが、今もシマエナガ沼にどっぷりハマっています。

ここまでハマったのは、そのかわいさもさることながら、撮影が適度に難しい点にあると思います。シマエナガは北海道全域に分布し、市街地でも見ることができますが、遭遇率はあまり高くありません。遭遇できたとしても、ファインダーからすぐに消えてしまいます。ようやく撮れた写真は後ろ姿ばかり。正面顔でリラックスした表情を撮るためには、鳥に緊張を与えないようにするなど、注意する必要があります。苦労した末にかわいい写真が撮れると、踊りたくなるほどうれしくなります。もし最初から簡単にかわいい写真が撮れていたら、ここまでハマっていなかったでしょう。そういう達成感をくれるところも含めて、ぼくはシマエナガが大好きです。この本で、少しでもその魅力が伝わったならうれしく思います。

著者略歴

やなぎさわ　ごう

大阪府生まれ。シマエナガの魅力にどっぷりハマり、2016 年から毎冬シマエナガを撮り続けている。シマエナガを撮っているときが最高に幸せ。シマエナガ好きな人。自称日本一のシマエナガグッズコレクター。座右の銘は『シマエナガは世界を救う』。各 SNS でアカウント名『ぼく、シマエナガ。』で、シマエナガの魅力を発信している。

ぼくのシマエナガレシピ。

2023 年 7 月 23 日　初版第 1 刷発行

デザイン　　studio miin
著者　　　　●やなぎさわ ごう
発行者　　　●斉藤 博
発行所　　　●株式会社 文一総合出版
　　　　　　〒 162-0812　東京都新宿区西五軒町 2-5 川上ビル
　　　　　　tel.03-3235-7341（営業）、03-3235-7342（編集）
　　　　　　fax.03-3269-1402
　　　　　　https://www.bun-ichi.co.jp
郵便振替● 00120-5-42149
印刷　　　　●奥村印刷株式会社

ここをコピーしたら、トレーシングペーパーなどを使って、
厚紙にトレースができるよ。もちろん自由に描いても OK！

30 ページ▶
トースト

▼58 ページ　型紙を使った簡単フォームミルク・アート